L n 27. 1948 4.

LES JALONS

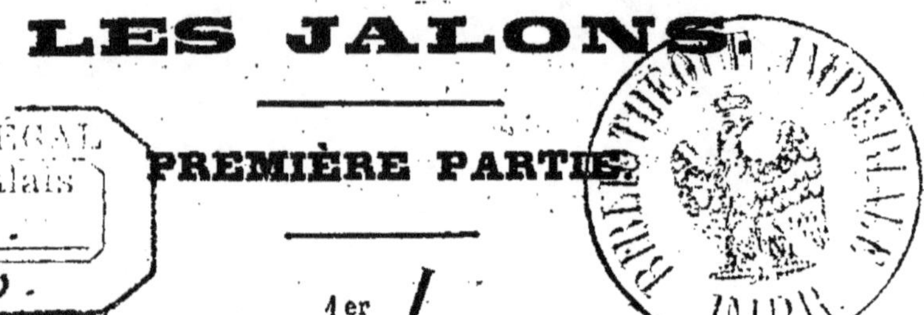

PREMIÈRE PARTIE

1er /

Monsieur,

Je reçois à l'instant la lettre ci-jointe que m'adresse M. Dadier en réponse à celle que je lui avais adressée concernant votre affaire.

Je suis avec un entier dévouement, Monsieur, votre obéissant serviteur.

PROYART, chan, vic. gén.

19 Février 1855 :

Monsieur,

Je ne dois rien à M. Théry des 570 francs qu'il me réclame ; pour le prouver, je ne crains ni les tribunaux civils ni les tribunaux ecclésiastiques.

M. Théry ferait bien de mieux tenir ses écritures ; il s'épargnerait à lui-même et à d'autres bien des désagréments. Il est venu dans ce pays-ci ; en vraie femme, il a parlé de notre différend dans plusieurs presbytères d'où ça a passé dans les communes. Ce *Monsieur* menace de me poursuivre ; je lui ai déja dit dix fois que je ne crains pas ses poursuites : toutefois je sens aussi bien que personne tout l'inconvénient qu'il y a pour un prêtre de paraître devant un tribunal civil ; alors voici ce que je propose : « si d'ici à Pâques, M. Théry n'est pas revenu de sa lourde et grave erreur, je veux bien aller à Arras avec mes écritures, pour m'en expliquer avec lui devant vous. M. L'abbé Pruvot qui sait aussi bien que moi ce qui s'est passé, qui *aujourd'hui est convaincu que je ne dois rien*, paraîtra aussi. Si ce délai paraît trop long au réquérant, qu'il m'attaque ; après tout, cinq à six cents francs, c'est quelque chose pour un établissement comme le mien qui n'est pas riche. En attendant une solution satisfaisante, je vous remercie de la complaisance que vous avez eue de m'écrire.

J'ai l'honneur d'être avec respect, Monsieur, votre très-humble serviteur

Dadier Prêtre.

Sibiville, 18 Février 1855.

P. S.—Aujourd'hui M. Théry réclame 570 francs. Dans une lettre à la date du 9 Novembre, il réclamait 586 francs; depuis que nous sommes tombés en désaccord, il n'a pas parlé deux fois sur le même article sans être en opposition avec lui-même.

———————

2ᵉ *I*

Collège de Sibiville, le 28 Février 1855.

« Monsieur Théry,

« M. Dadier m'a fait part de la lettre que vous lui avez adressée dernièrement. J'ai eu le cœur navré des injures dont vous y accablez un saint prêtre, qui lui, n'a jamais supposé en vous qu'erreur, mais non mauvaise foi. Vous l'envoyez à Charenton, vous l'engagez à rentrer dans les voies de la probité : ce qui lui serait difficile, puisqu'il n'en est jamais sorti. Dans cette même lettre vous me plaignez : je ne sais ce que M. Dadier vous avait écrit ; mais Monsieur Théry, je ne suis pas à plaindre dans votre sens ; car je ne suis pas homme à mentir à ma conscience ni à me laisser gagner. Pour avoir fait un versement de 300 francs (¹) chez vous pendant les vacances d'août 1852, j'en suis maintenant certain, et j'ai fait en même temps des paiements chez M. Thuilliez-Lépinoy, chez M. Grimart, chez M. Planquette-Royer, chez M. Lefranc et chez la mère de M. Thouzet, anciennement ferblantier. Tous ces paiements, quoique faits dans le cours des vacances, ont été inscrits par M. Dadier à la date du 4 Octobre 1852, parceque c'est ce jour là que je lui ai rendu compte de ces divers paiements.

« J'espère qu'un jour ou l'autre vous trouverez l'inscription de cette somme de 300 francs, sinon sur votre registre, au moins sur quelque morceau de papier que vous n'avez sans doute pas laissé égarer. Dans le cas contraire, il y aura erreur de 300 francs de votre part. *Quant au reste de votre différence de compte, je ne puis en rien dire.* (²)

———————

(1) *Per mensem Augustum quæ dicitur esse soluta,*
    Hancce sibi summam (300 fr.) scriba dolosus habet.

———————

(2) *De quâ scriba nihil se dicere posse fatetur,*
    Summa hæc (272 f. 50) divisa est inter utrumque reum.

« Allons, Monsieur Théry, n'accusez pas aussi légèrement de mauvaise foi un homme tel que M. Dadier et croyez que je suis incapable du moindre faux témoignage, serait-ce pour sauver la réputation ou la vie de mon père.

« Je me dis toujours sans fiel et sans amertume, Monsieur Théry,

Votre tout dévoué serviteur

E. Pruvot, prêtre.

3e I

A Monsieur Paris, avocat.

Mon cher Confrère,

J'attends toujours les communications convenues.

Ce retard, vous le comprenez, est regrettable ; si les communications faites m'obligeaient à demander des explications au client, j'aurais à peine le temps nécessaire pour correspondre.

Tout à vous cordialement

H. Leconte.

Samedi 23 Février 1856.

4e I

St-Pol, le 4 Mars 1856.

Monsieur Théry,

Le certificat que vous me demandez, n'est pas une pièce qui doive rester au tribunal : M. Dadier l'a remporté aussitôt, d'après ce que m'a dit Me Courtois à qui je le demandais : il me disait que, du reste, ce certificat ne serait point nié, et qu'on le reproduirait au tribunal, si besoin était.

Agréez, Monsieur, mes civilités empressées

Bellinguez, (avoué).

5e I

Extrait d'une lettre de M. Dadier à M. Ledru de Framecourt, arrondissement et canton de Saint-Pol.

Le curé de Nuncq sait bien que lui-même m'a offert de venir à Arras avec moi, il sait bien que M. l'abbé Pruvot

*avait offert des sacrifices de son côté, promis d'en obtenir
de moi* ; il sait bien qu'arrivés à Arras l'un et l'autre, il a été
dire à son cher *ami Théry* que j'étais là ; que j'offrais de
paraître devant un tribunal d'amiables compositeurs : il sait
enfin qu'il a trouvé dans son libraire un homme intraitable.

Sibiville, le 7 Mars, 1856.

6e **I**

Sibiville, le 8 Mars 1856.

Monsieur,

N'ayant pas le double de la déposition faite par M. Pruvot
et légalisée par moi, j'ai fait part de votre demande à M.
Pruvot qui m'a répondu que cette pièce se trouvait entre les
mains de M. Leconte, avocat à Arras. Je vous prierai de
croire que j'ai légalisé cette pièce, croyant, en le faisant,
seulement dispenser M. Pruvot de se présenter au tribunal,
ce qui est si humiliant pour un homme de son caractère.
Voilà mon but. Si j'avais su offenser Monsieur Théry, soyez
sûr que je ne l'aurais pas fait, n'ayant jamais été qu'ennemi
mortel avec M. Dadier.

Veuillez, je vous en prie, Monsieur Théry, me pardonner
mon innocence.

Je suis et serai pour la vie votre tout dévoué ami

H. Advielle maire à Sibiville.

7e **I**

Rebreuve, le 4 Avril 1856.

Mon bon et cher Monsieur Théry,

C'est avec peine que j'ai appris par mon commissionnaire
que vous ne vouliez plus vous charger des *Magasins Catho-
liques* de MM. les curés de Rebreuviette et Houvin. Il faut
que vous ayez été circonvenu pour avoir pris cette déter-
mination.

Je me doute que l'on vous a dit que ces Messieurs au-
raient pris fait et cause contre vous dans votre malencon-
treuse affaire avec M. Dadier.

S'il en est ainsi, je vous prie de croire que vous avez été
induit en erreur, surtout à l'égard de M. le curé de Rebreu-

viette que j'ai eu occasion de voir dernièrement. Je l'ai sondé sur ses dispositions à votre égard. Il m'a paru vous porter le plus grand intérêt, et jamais il n'a parlé à M. Dadier de votre différend avec lui. Je pense que si M. d'Houvin était interrogé, l'on aurait la même réponse.

Je viens donc vous prier, en ami, de rendre les mêmes services à ces Messieurs qu'à votre serviteur. Car je les trouve aussi disposés que moi à vous *être utile et agréable*. Je vous écris ceci pour votre gouverne, etc. et vous prie d'agréer mes salutations empressées,

Pruvost, C. de Rebreuve.

P. S. Mes civilités à ces dames.

8ᵉ I

Parturiunt montes....

Monsieur,

J'ai étudié avec le plus grand soin votre affaire avec MM. Dadier et Pruvot, et l'ai soumise ensuite au conseil de l'Evêché. J'attends le retour de Monseigneur pour lui faire connaître l'avis de son conseil et le prier *de donner une décision*.

Je suis avec un parfait dévouement, Monsieur, votre obéissant serviteur

PROYART, vic. gen.

Arras, le 20 Juin 1856.

9ᵉ I

A Monsieur Leprêtre, instituteur à Nuncq.

Extrait d'une lettre adressée à M. Dadier à l'occasion de son procès avec le *sieur Théry*, libraire à Arras.

Je m'empresse de répondre à votre lettre du 2 de ce mois, concernant votre malheureuse affaire *avec le sieur Théry*. Quand vous m'avez parlé de cette affaire concernant votre mécompte avec ce *Monsieur*, j'ai pu vous dire que j'avais remarqué un peu de négligence dans sa manière de tenir note des fournitures qu'il m'envoyait. Plusieurs fois quand je lui faisais demander par mon commissionnaire combien je lui devais, il ne le savait pas faute d'en avoir tenu note lui ou sa fille ; il me faisait dire par ce commissionnaire que je le savais bien, attendu que je connaissais le prix de chaque chose. (1)

Attestation donnée à M. Dadier par un ancien séminariste.

Je soussigné atteste que, pendant le temps que j'ai passé au grand séminaire, j'ai entendu mainte et mainte fois des plaintes au sujet des mécomptes de Monsieur Théry avec les séminaristes. (2)

« J'ai l'original de ces deux pièces signées par leurs « auteurs. Je les avais avant le jugement. On ne les a pas « lues par ménagement : mais comme le *sieur Théry et ses* « *amis* mettent un zèle infernal à propager leurs men- « songes et leurs calomnies, je livre ces deux pièces à la « publicité en attendant que j'ai le temps de donner à ce « même public une réfutation du mémoire impudent « menteur qui circule partout. » (3)

Sibiville, 7 Juillet, 1856.

10e I

Marquise, 21 Octobre 1857.

Monsieur Théry,

A mon départ d'Arras, au mois de Janvier dernier, je vous étais redevable d'une somme de 35 fr. 10 , comme vous pouvez vous en rendre compte par cette présente note. Je vous envoie cette somme en un mandat sur la poste, en vous adressant mes remerciements sincères pour vos bons services pendant la durée de mon grand séminaire.

Toute mon estime et ma confiance vous sont pour toujours acquises.

Votre tout dévoué Serviteur
L'abbé Ponthieux, vic.

---

(1) *L'auteur de cette lettre ne saurait être le curé de Rebreuve, M. Pruvost qui correspond avec Arras par un commissionnaire. (V. page 4e, 7e I). En tout cas, il fut très-poli, le 4 Avril, 1856.*

(2) *En parlant de séminaristes, en voici venir un (voir 10e I) qui lui, n'a pas l'air de s'être plaint mainte et mainte fois de mécomptes de la part du sieur Théry, libraire.*

(3) *Il est probable que M. Dadier était à court d'encre ; aussi ce qu'il écrit là, n'est-il pas suivi de son honorable nom. Du reste, c'est son écriture et son style de tous les jours ; s'il parle mieux ça ne peut être que le dimanche.*

11e

Lettre d'un ancien professeur au grand séminaire d'Arras, lequel ne nie pas ses dettes, et qui, s'il oublie de dater, n'oublie pas de signer.

Monsieur Théry,

J'ai appris avec surprise que M. Lefranc n'avait pas jugé à propos de vous solder votre facture. Il n'y a en cela qu'un mauvais procédé qui ne me surprend nullement de sa part. M. le docteur Vassilière m'a dit que vous aviez noblement repoussé les tripotages honteux que l'on voulait employer près de vous contre moi ; je vous en remercie. Car dans ce déchaînement de sottes et déloyales attaques dont j'ai été l'objet, on est heureux de trouver un honnête homme.

Je m'empresserai, dès que je le pourrai, ce qui ne tardera pas, de vous solder *votre note*. Comptez sur ma probité et croyez-moi très-reconnaissant de ce qu'un homme de cœur vous avez dédaigné de vous joindre à la tourbe de mes calomniateurs.

F. B. J. Lacombe.

Paris, rue du Cherche-Midi, 124.

12e

Arras, le 16 Juillet 1856.

Monsieur,

Vous me demandez sur l'affaire que j'ai plaidée pour vous contre M. l'abbé Dadier à Arras et à St-Pol quelques renseignements que je vous transmets volontiers.

Votre demande s'élevait à 572 fr. 50 : je vous ai dit avant de rédiger mes conclusions, M. Dadier invoquera la prescription si sa conscience le lui permet. Or, M. l'abbé Pruvot affirme qu'il vous a payé 300 francs pour le compte de M. Dadier. Sur ce paiement de 300 francs la prescription paraît donc pouvoir être invoquée avec toutes les apparences de la bonne foi. Réduisez, vous ai-je dit, votre demande à 272 fr. 50. Pour cette somme, en effet, jamais ni dans la correspondance échangée, ni dans les entrevues qui ont précédé le procès, il n'a été question d'un paiement, soit de la part de M. Dadier, soit de la part de M. Pruvot.

Vous y consentîtes et à l'audience je conclus au paiement de 272 fr. 50 c., *réservant vos droits contre M. Pruvot.*

Ce fut alors que M. Leconte produisit *un certificat délivré la veille ou l'avant-veille par M. Pruvot devant* le maire de la commune de Sibiville, et dans lequel M. Pruvot déclarait vous avoir payé les 272 fr. 50 *en deux soldes*, l'un, je crois, de 139 fr. 15, l'autre de 133 fr. 35 à des époques qu'il comprenait de *Pâques à la Pentecôte* ou *au St-Sacrement* des années 1852 et 53. (Voir 2° I ou 2e page).

Je n'ai pas à apprécier cette déclaration qui cependant, je vous l'avouerai, m'a paru renfermer des affirmations faites bien tard.

Recevez mes salutations,   Paris.

13e /

Nascetur ridiculus mus. Hor.

J'ai l'honneur de prévenir Monsieur *Théry* que j'ai entretenu Monseigneur de son affaire avec M. Dadier.

Si Monsieur *Théry* voulait *connaître la pensée de sa grandeur*, je la lui communiquerai demain à onze heures et demie.

Son tout dévoué

PROYART, vic. gén.

Arras, le 17 Juillet 1856.

14e /

Monsieur,

La conduite que vous tenez envers M. Dadier et M. Pruvot est blamée par tout le monde. Ceux qui, d'abord tenaient pour vous, ou étaient neutres, se prononcent contre vous. Je suis persuadé que ce retour va aller en croissant, et qu'il se répandra même dans tout le diocèse. On ne doute pas que M. Dadier vous a payé, en remettant son argent à M. Pruvot qui vous l'a remis lui-même. Un prêtre de soixante ans comme M. Dadier, et qui jouit d'une certaine fortune ; un prêtre pieux comme M. Pruvot, ne se parjurent pas pour *deux cents francs*. Il faut que vous ayez une bien mauvaise opinion du clergé pour croire le contraire. Mais croyez le tant que vous voudrez, aucun autre que vous ne le croira ; par là vous vous faites un tort incroyable.

Dans une réunion l'un disait : moi, je ne prendrai plus chez lui ; moi, disait un autre, s'il se présentait chez moi, je le mettrais à la porte, *le pied dans le derrière*, et c'est ce que l'Evêché aurait dû faire, il y a longtemps. Outre les raisons d'intérêts, vous avez des raisons de conscience mille fois plus fortes. Vous déclamez contre M. Dadier, vous cherchez à lui nuire en tout ; vous vous vantez de lui faire vendre sa maison ; vous lui avez suscité un procès qui lui a coûté beaucoup : après tout cela, vous vous croirez innocent ! Non, vous n'êtes pas innocent ! Vous êtes au contraire très coupable ; je ne crains pas de le dire : *ou votre confesseur ne vous connaît pas, ou c'est un ignorant.* Je vous dis moi que vous êtes obligé de réparer le mal que vous faites à la réputation de M. Dadier, et le dommage que vous causez à sa bourse. En réalité vous êtes un misérable, un entêté, un aveugle ; c'est beaucoup si on peut vous accorder *un* apparence de bonne foi. Non, vous *n'êtes pas de bonne foi,* vous êtes un homme emporté, livré à une vengeance scandaleuse et à jamais condamné par tous ceux qui ont un peu de bon sens.

Je vous connais, vous me connaissez ; mais je ne vous dirai pas mon nom, je vous le dirai un jour. Je vous dirai seulement aujourd'hui que je serais heureux d'apprendre que vous reconnaisez vos torts et que vous songez à les réparer. (1)

15e

Monsieur l'Abbé,

Le 21 Janvier 1855, vous avez déclaré devant M. Dadier, repété devant M. Dufour, sa mère et sa sœur que vous ne m'aviez rien donné, rien payé en 1852. Le 18 Juillet même année, vous avez déclaré à MM. Dufour et Billot, que, en dehors des 300 francs par vous détournés à mon préjudice, vous saviez bien que M. Dadier, n'était pas quitte, me redevait. Cette même déclaration, vous l'avez faite en présence de M. Defosseux, actuellement curé de Fortel. Depuis votre faux de Février 1856, vous avez reconnu devant M. Delmotte que les sommes enumérées dans ce faux, vous avaient été remises par M. Dadier.

---

(1) *Cette lettre sans date et riche d'amabilités anonymes porte sur l'adresse : Avesnes-le-Comte, 13 août 1856.*

Ces trois sommes me sont dues, et c'est vous qui me les devez avec tous les frais par vous seul occasionnés. Vous aurez Monsieur, à me payer intégralement avant le 30 courant ; sinon, vous serez poursuivi en détournement de fonds.

Je connais la route de Béthune et de Gonnehem. (1)

Votre serviteur C.-F. Théry.

Arras le 19 Septembre 1857.

16^e

Hic res infectas vult conciliare minundo.

Arras le 12 Octobre 1857.

Monsieur Théry,

Monsieur Pruvot vicaire de Gonnehem vient d'informer l'Evêché des lettres que vous lui avez adressées et des menaces dont vous le poursuivez. Le conseil à l'unanimité à décidé que, si vous persistiez dans cette conduite à l'égard de cet ecclésiastique, l'entrée des séminaires (2) vous serait interdite. Il me charge de vous faire connaître cette décision. (3)

J'ai l'honneur d'être votre très humble serviteur,

Lequette vic. gen.

---

(1) Cette signification fut renouvelée, le 30 Septembre 1857.

---

(2) A propos des séminaires, citons textuellement une lettre qui a des sœurs aînées, lettre qui me fut, le 16 décembre 1856, adressée par MM. Gaume frères libraires éditeurs rue Cassette 4, à Paris:
« Nous avons eu aujourd'hui la visite d'un ecclésiastique de votre
« diocèse, qui est venu nous demander si nous consentirions à accorder
« au petit séminaire d'Arras les mêmes remises que celles obtenues
« de tous les libraires. Ignorant quels sont vos rapports avec cet
« établissement, nous avons ajourné notre réponse. Veuillez, nous
« faire connaître votre avis. »

---

(3) Au lieu de s'interposer de la sorte en faveur d'un résidu tel que Monsieur l'abbé Edouard Pruvot, le vicaire général soussigné n'aurait-il pas plus sagement agi de faire mémoire double de saint Edouard qui : in medius viliorum illecebris talem se exhibuit integritate vitæ morumque innocentia ut omnibus admirationi esset.

Arras, ... 14 Octobre 1857.

Monsieur Lequette,

Par respect pour MM. Bailly, Parenty, Proyart, et Walloncapelle, j'éloigne la pensée, je m'abstiens d'adresser au journal le *Siècle* la décision collective, signée par vous chargé de me la faire connaître. Cet *ostracisme* unique en son espèce, loin d'infirmer mes légitimes prétentions, les fortifie, les consacre irrévocablement : aussi, suis-je heureux d'avoir à le prévenir en m'interdisant moi-même, et dès ce jour, l'entrée des séminaires d'Arras.

A vous *le droit* de la force ; à moi la force *du droit* !

Votre très humble serviteur C.-F. Théry.

A Monsieur Lequette Vicaire-général.

Monsieur le Vicaire-général,

Bien que vous ayez des preuves que j'écris, que j'agis avec rondeur et sans détour, je viens vous le prouver une fois de plus, en vous adressant copie textuelle et préalable d'une lettre que recevra très-prochainement le prêtre arrivé, cette semaine, à la cure de Fampoux :

Arras, le 28 Juin 1860.

Monsieur Pruvot,

Je sais que vous avez, mardi passé, fait votre arrivée curiale à Fampoux, poste qui doit d'autant vous sourire qu'il est à vingt minutes d'Athies et qu'il vous rapproche de votre ville natale.

Soyez le bien venu parmi tous vos nouveaux confrères du canton d'Arras sud ; faites partie de leurs réunions et conférences ecclésiastiques ; mêlez-vous à ces Messieurs sans apporter avec vous aucune habitude maligne, aucune propension délatrice et, si votre adroite courtoisie leur emprunte quelque chose, que ce ne soit pas tantôt 15 francs, tantôt 850 francs, mais plutôt la droiture, la franchise et la bonne foi, toutes qualités que vous n'aviez point du temps que vous étiez professeur de *belles lettres* au collège de Sibiville. Renoncez à vos airs patelins, airs que ma plume a demasqués, en 1856, airs auxquels s'est laissé prendre un Vicaire général qui finira sansdoute par être accablé et de ce qu'il a manqué de faire, en Février 1857, et de ce qu'il a fait, en Octobre même année. Mais, au lieu de nous arrêter sans fruit à de regrettables incidents, entrons et pénétrons dans le vif d'une affaire à nous deux personnelle.

Après avoir accouplé la perfidie à l'hypocrisie, le parjure

au mensonge écrit, et cela, contre un quelqu'un dont le sang coule dans les veines d'un diacre qui n'est pas un deshonneur, une honte pour les séminaires d'Arras, songez, Monsieur Pruvot, songez à réparer les brèches que vous avez, par une telle monstruosité, faites à ma bourse. J'ai dit que mon fils est diacre : eh bien, ce m'est une raison majeure pour que ma réputation, qui est aussi la sienne, demeure vierge et apparaisse telle, alors que mes cartons de libraire fourmillent d'accusations qui ternissent et compromettent gravement la vôtre.

Les choses étant ainsi, voulez-vous vous conserver et vous maintenir sans encombre au poste curial de Fampoux, hâtez-vous de prendre une résolution qui soit une victoire sur vous-même, c'est-à-dire la résolution de me restituer avant quatre mois tout l'argent qui vous fut, en 1852 et en 1853, remis par M. Dadier pour m'être versé. Exécutez-vous avant le 27 octobre prochain ; sinon, les huissiers sont là, la justice civile est-là : il va sans dire que, si vous ne vous êtes point exécuté avant l'époque sus-indiquée, le tribunal civil d'Arras sera saisi d'une affaire que l'officialité diocésaine a, cédant à de certaines influences, laissée sans solution, sans décision.

Dans l'espoir que vous n'affronterez point la nécessité de comparaître en justice et que vos amis de l'Evêché préviendront, autrement que par d'impuissantes menaces, le scandale que donneraient des révélations non postiches, je suis, Monsieur Pruvot, avec la considération qui vous est due,
Votre très humble serviteur C.-F Théry.

Cette communication, Monsieur le vicaire-général, je vous l'adresse précédée et suivie de jalons que je n'ai point *laissé égarer* : je vous l'adresse telle, 1° parce que, ne cessant, ni en 1856, ni en 1857, de prendre fait et cause contre moi dans mon affaire avec l'abbé Pruvot, vous avez, pour étouffer icelle, fini par me menacer dans mon existence de libraire, 2° parce que, au lieu de songer à dégager votre passé alors qu'une circonstance s'en présentait si favorable, vous n'avez que trop imité ces *royalistes selon la charte*, qui s'obstinèrent, de 1815 à 1830, à mettre le bienfait au-dessus du bienfaiteur : en voilà, ce me semble, assez pour éclairer une dernière fois votre religion ; aussi je m'arrête en vous priant, Monsieur le vicaire-général, de me croire
Votre très-humble serviteur   C.-F. Théry.

DEUXIÈME PARTIE.

Ad Carolum Ludovicum D
Monumenta perennia. |||||||| ...

Mi Doeg, inspicias mentiri ut calleat artem
    Ipsa tuæ cessit cui data cura domus :
12 MARS 50. Ad refocillandam stomacho latrante juventam
    Quælibet empturus forte profectus eras.
Frumenti tantum per te, præsente crumena,
    Emptum erat, ut reduci mammona nulla foret.
1r JUILL. 50 Quos mihi debebas Paschæ misisse diebus,
    Hosce, Doeg, nummos (372) solvere inanis eras.
Solvere inanis eras quod agenda ad festa (1), patenti
    Marsupio, emisses tergora plura suum.
9 OCT. 50. Quæ scribebatur mihi missa pecunia (167), in arca
    Hancce recondebas, clave tuente, Doeg;
Hancce recondebas coëmendum ad syrma togamve
    Aut metuens victu ne orba juventa foret.
3 DÉC. 50. Quod verum est, a te servata pecunia venit
    Francisci possem ut concelebrare diem.
Quidquid id est, rerum præludia talia dicunt
    Hoc anno angustum te jacuisse, Doëg.
Te si non culpant rerum hæc præludia, dicunt
    Arcam inter mures nidificasse tuam.
Nunc, Doëg, inspicias blandiri ut polleat arte
    Tota tuæ cessit cui data cura domus.
13 MARS 51. Marsupio ægrotans arcaque vacante laborans
    Debita parva (124 f.) mihi solvere non poteras;
Solvere non poteras quod pisces ovaque, zona
    Expassa, emisses tempus in omne sacrum.
18 AV. 51. Debita parva (124 f.) mihi paucis Paschæ ante diebus
    Esse soluta, ad te scribere non dubito.
21 OCT. 51. Nos invisebas lætæ sub fine diei (2),
    Nos invisebas marsupio absque tuo.
Nos invisebas pendentibus addere rebus (739 fr.)
    Quam super his aliquid solvere dexterior.
Nos invisenti comes iverat ora per, omnem
    Per nasum papulis rubidus Achitophel.
E nostris natu majorem abducere alendum
    Instabas lingua sollicitante, Doëg.

(1) *Saint Louis de Gonzague, le 23 Juin.*
(2) *Jour de l'arrivée de Monseigneur Parisis.*

29 id. 51. Nostrum hunc in natum cura que et amore paterno
    Se fore præstabat blandior Achitophel ;
6 NOV. 51. Sed, revocante Deo, loca furibus invia adibat
    E terra patrem filius antevolans.
    Translato hoc ramo, quamvis frondesceret alter,
    Spes non jam tibi erat solvere (739 f.) jure malo.
    Hinc tibi prima doli mens, hinc tibi sacra cupido
    Res subducendi qualibet arte meas.
    Hinc tuus Achitophel rerum sperare mearum
    Particulam atque ideo Mercurium colere.
    Hinc tuus Achitophel, materno a ventre malignans,
    Errare errandoque artis inire vias.
    Hinc tuus iste tibi rationem reddere fictam,
    Res quia tractarat liberiore manu.
    Primitias posui positasque ea facta sequentur
    Quæ nec sunt nec erunt inficianda tibi.
    Venimus ad tempus quo nil tua lingua sonabat,
    Quo male nummati lingua silebat heri.
7 JANV. 52. Quum mihi nequaquam persolvere debita (739) velles,
    Promittebatur pars (200 fr.) valitura, Doëg.
    Promissam partem, lustratis quinque diebus,
    Solvebat quidam (1) dextra operante tibi,
    Huic parti æqualem brumæ inter tempora partem
    Missam a te novi, nec valuisse nego.
3 MARS 52. Mittere adhuc vellem missalia plura petebat,
    Cura interposita, venditor Achitophel.
24 id. 52. Mittere vellem iterum breviaria terna petebat
    Pro mercede pius venditor Achitophel.
    Rite solutum iri hæc breviaria tempore Paschæ,
    Addere curabat blandior Achitophel.
8 AVR. 52. Is, cessante schola, satagebat solvere (178 f.) quidquid
    Solemnis Paschæ ad tempora vendiderat.
    Egisset quanto melius, si tempore certo
    Sic tua solvisset debita cuncta, Doëg !
    Egisset quanto sapientius iste, tuas res
    Si non tractasset liberiore manu !
    Haud tam sæpe tuum, fœtus ubi poneret ultro,
    Quæsisset muris fœmina marsupium.
3 OCT. 52. Venerat october, secumque trahebat alendos
    Imberbes pueros (2) barbiger Achitophel ;

---

(1) *M. Robert, d'Arras.*
(2) *Les fils de M. Deusy, d'Athies.*

Vectus erat rheda et rhedam dux ipse regebat
Quæsiti (850 f.) zonæ que immemor Achitophel.
Nedum ergo afferret quædam (300f) valitura, rogabat
Immemori ut darem ego mutua , egoque dabam.
Mutua (850 f) quæ dabam ego, rhedæ condebat in arca
Vectabat que ad te, mi Doeg, Achitophel.   [1]

6 id. 52. Tempore an indicto rediissent mutua, grata
Mente requirebat perbrevis Achitophel;
Butyrum interea vitulosque et poma nucesque
Emptum ibas, nummo haud deficiente, Doëg.

27 id. 52. Quum libros emeres argento absente, pudebat
Te debere mihi satque superque (1072), Doëg.
Debenti dudum et dudum debere pudenti
Ducebat tempus pejor hero Achitophel.
Duceret ut tempus, causam nectebat emendi
Quod tibi frumenti copia sueta foret.
Denique spondebat magno promissor hiatu
Solvenda esse anno debita cuncta (1072) novö.
Solvendum esse etiam cuncta inter debita quoddam
Spondere audebat pejor hero Achitophel.

4 NOV. 52. Quidquid id est, rebus semper stabulatus in arctis
Ad me vix poteras mittere pauca (200 fr.), Doëg.
Res arctas inter stabulatus, dente maligno
Carpebas... quem non æra aliena premunt !
Carpebas... qui non prodit reus ante tribunal !
Carpebas... qui non jurat in arte mala !

25 Jr 53. Debita quotquot 872 erant solvendi quum accidit annus,
Promissis stabat quam minor Achitophel !
Non adventabant jamdudum debita (872), in umbra
Sed tralucebat particula exigua (100 fr.).
Frumento tantum tua passa erat arca parato,
Ut non jam esset opus clave tuente tibi.

2 Fév. 53. Assibus aggestis nummisque effecta quibusdam
Lata humeris aderat particula exigua (100 fr.).
In cista allata hæc postquam valuisset, ab ipsa
Mole (772 f.) elinguis eras tuque tuusque, Doëg.

28 Juil. 53 Mole (772) relicta, anni currentis debita avebas (420)
Noscere, tendebasque arte creare chaos.

2 Août 53. Ad me dimidiam partem (200 fr.) currentis in anni
Debita mittebas, rustico (2) agente, Doëg.

---

(1) *Coffre du cabriolet de M. Deusy.*
(2) *Henri Dupuich, de Sibiville.*

14 id. 53. Paulo post, cessante schola, remigrabat in urbem
    Solvebat que mihi particulam (100 f.) Achitophel.
27 id. 53. Hausit ubi mecum, quem dat Rupella, liquorem,
    Laxabat zonæ corrigiam Achitophel;
    His actis, docto volvebat pollice nummos
    Et solvebat heri posteriora (119 fr.) sui.
2 Oct. 53. Venit ubi october studiisque addicta colendis
    Hora, mihi adstabat fronte humili Achitophel.
    Non oblitus erat zonæ, sed zona negabat
    Ægra, profecturus solveret (1) unde mihi.
    Ut mecum est usus, quem dat Rupella, liquore,
    Fiebat lingua garrulus Achitophel.
    Posteriora (86 f.) mihi, versata hinc inde crumena,
    Solvebat nec de mole (772 fr.) ululabat : Amen !
19 id. 53. An mihi in hanc molem quoddam venisset habendum
    Quærebat verbis parcior Achitophel.
27 id. 53. Achitophel credens ad me quædam (300) esse ferenda
    Scribebat nec de mole (772 f.) ululabat : Amen !
31 id. 53. Posteriora (419 fr.) mihi licet ante soluta fuissent,
    Ad me allata (2) aderat res (200 f.) valitura, Doëg.
    Ut valitura tibi res (200 fr.) est allata, silebat
    A mole (572) haud mundis Achitophel manibus.
    Ut valitura tibi res (200 fr.) est allata, silebas
    Tu quoque, vane Doeg, mole super reliqua (572).
    Ad græcas, credo, siluisses usque kalendas,
    Ni mea cœpisset te refricare manus.
19 Sept 54. Scribebam ut tardos curares mittere nummos,
    Et tu curabas mittere nulla, Doeg !
28 id. 54. Exinde Achitophel nos invisebat ut omni
    Hancce meam caperet subdolus arte fidem.
*   Ex his, quæ pendent non infirmanda, probatur*
*   Nunquam habuisse tuam, solveret unde, domum.*
*   Constat ab his te rem (572 f.) nunquam expediisse,*
*   Achitophel falsis implicitum esse viis. [tuum que*

C.-F. Théry.

---

(1) *86 fr. 35 c., importance et coût des livres de prix demandés, le 14 Juillet 1853, par M. Pruvot qui, après avoir signé, ajoute par surcroit de patelinage : demain St-Henri !*

(2) *Ce fut M. Robert, d'Arras, qui nous apporta ces 200 fr.*

Arras. — Typographie LE MALE, rue des Rapporteurs, 6.